AF192651

Corazón, cabeza, acción

Corazón, cabeza, acción

Alba Caronte

TEXTOS
Alba Caronte

PORTADA
Lily Vainylla (@lilyvainylla_)

MAQUETACIÓN
Andrea Gómez Expósito

NÚMERO DE EDICIÓN
Primera

EDICIÓN
Postdata Ediciones

ISBN
978-84-19411-89-1

DEPÓSITO LEGAL
V-3442-2024

A mis padres,
por darme la vida
y toda la libertad que una vida merece.

A mi hermano,
por las tantas aventuras
que su valentía nos ha permitido vivir.

A mí misma,
por haber domado a la fiera
que rugía dentro de mí
y haberme transformado en ella;
por demostrarme cada día
que soy capaz de todo.

PRÓLOGO

¿CÓMO HE LLEGADO HASTA AQUÍ?

Cuando era pequeña, solía acompañar a mi madre a hacer la compra. Lo primero que hacíamos al entrar a su hipermercado de confianza era dirigirnos a la sección de libros, plantarnos delante de la estantería de literatura infantil y, entre las dos, elegir el cuento que ese día iba a tener la misión de mantenerme entretenida mientras ella terminaba sus recados. Lo curioso de aquellas páginas es que, además de cumplir sobradamente ese propósito, me absorbían tanto que aprendí a leer con una rapidez y una agilidad pasmosas.

Mi amor por las historias se instaló definitivamente en mí con las novelas de magia y fantasía, en las que absolutamente todo lo que el autor pudiera imaginar era posible. A su vez, ver algunos de esos relatos transformados en películas encendió mi interés por el mundo de la interpretación: ¡en el cine tampoco había imposibles! La verdadera magia la encontré en la idea, la esperanza y la ilusión de que, si me convertía en actriz, entonces podría serlo todo, vivirlo todo, sentirlo todo.

Años más tarde, durante mi adolescencia, descubrí que las palabras también podían salir de mí, que yo también podía imaginar, relacionar conceptos y formular oraciones para transmitir ideas, pensamientos e inquietudes. Así que inicié un blog, de cuya existencia nadie más que yo sabía, en el que empecé a plasmar mis primeros textos. Desde ese momento, no he dejado de encontrar refugio no sólo en la lectura, sino también en la expresión escrita.

Abrir mi corazón a la escritura y lanzarme a estudiar interpretación, apostando por el arte como carrera profesional y, por tanto, como forma de vida, me obligó a mostrarme al mundo como nunca antes. Mientras me redescubría a mí misma, fui dejando atrás la personalidad introvertida con la que hasta ese momento me había identificado. Sin embargo, estar dispuesta a sentir era estar expuesta a que me hicieran daño y, cuando eso pasó por primera vez, mi corazón se cerró en banda y yo, como es natural, le di permiso para retirarse a un segundo plano.

Aquel golpe de realidad, al igual que todos los que vinieron después, me hizo regresar a la cabeza enseguida, pero también tuvo muchas ventajas: me permitió reflexionar sobre los errores cometidos y los aprendizajes extraídos, tomar conciencia de lo que quería y de cómo lo quería y, eventualmente, encontrar la manera de salir del pozo con más fuerza que nunca.

En el proceso de devorar libros para aprenderlo todo, adquirir una herramienta tras otra y confeccionar cientos y cientos de planes, me di cuenta de que no podía quedarme en la teoría. Comprendí que, para conseguir resultados diferentes, tenía que empezar a hacer cosas distintas. Así que pasé a la acción y emprendí el camino de transformación, empoderamiento y liberación personal que me ha traído hasta aquí y que, a día de hoy y paso a paso, sigo transitando.

Todos los textos que encontrarás en este libro forman parte de mi recorrido por estas tres etapas vitales que te acabo de mencionar, en cada una de las cuales me ha guiado uno de estos tres motores: el corazón, la cabeza o la acción. Esta travesía de autodescubrimiento me ha enseñado que sentir es necesario, pero no genera cambios externos, y que sacar conclusiones es poderoso, pero no te transforma *per se*. Es en la acción, esa que tomas después de desear algo en tu corazón y darle forma en tu cabeza, donde verdaderamente empieza el viaje hacia tu más auténtica, feliz, salvaje y mejor versión.

Hoy te escribo desde Madrid, la ciudad de las oportunidades. Vivo aquí desde hace algunos años, rodeada de cultura, y trabajo como actriz de teatro, teatro musical, publicidad y ficción. Por supuesto, sigo escribiendo mucho, resumo libros sobre interpretación, colaboro con una revista de cine y, además, he creado una formación sobre gestión del tiempo, productividad y hábitos para actores, artistas y creativos.

Un día leí algo así como "todo potencial no expresado se transforma en dolor". Se me quedó tan clavado que, desde entonces, no hay nada en el mundo que desee transmitir que no luche por sacar afuera. Lo que no compartes deja de existir, lo que no dices se muere y lo que no expresas te mata, y yo me prometí que cualquier forma de arte o posible talento escondido que se removiera en mi interior vería la luz tarde o temprano. En esta ocasión, para transformar en libertad todo eso que no quería quedarme dentro, mi gran aliada ha sido la escritura.

Para mí, un libro es una fuente de paz, inspiración y sabiduría de la que siempre aprendo algo y a la que siempre puedo volver. Durante toda mi vida, los libros han sido mi refugio, mi lugar seguro, y no puedo esperar a que este sea el tuyo. Gracias por elegir mi planeta y por atreverte a girar conmigo. Gracias por dejarme entrar en tu cabeza, en tu corazón y, ojalá, en tus ganas de abrir tus alas y tomar acción. Que lo disfrutes.

@albacaronte
Alba Carrillo Contreras

punto y principio

#1

Así como las flores reescriben una y otra vez la primavera,

hoy renazco de las cenizas de una etapa que termina

y tomo aire para empezar de nuevo, pero no de cero.

Hoy tengo todas las respuestas y ninguna duda,

y le pregunto al viento lo único que ahora me asusta:
cuántas cosas, cuántos lugares y a cuántas personas
voy a tener que dejar atrás
para poder llegar al sitio a donde vamos.

y me contesta que ya hay mucho camino andado,
que hay otros que ya lo han recorrido antes,
que nada tema y que suelte sin miedo,

pero que todo tiene un precio y que no basta con creer en
los sueños, sino que hay que plantarse firme, regarse mucho,
declararse en compromiso y actuar en consecuencia.

Así como las flores auguran la llegada de la primavera,
en el eco de cada paso escucho cómo mi destino me dice
"vamos, sigue, te estoy esperando".

Esta es la primera página
de un nuevo capítulo.

#2

dicen que no hay dos pétalos exactamente iguales ni en el más
abundante de los jardines,

que basta confiar en tus diferencias y abrazar la propia
esencia para volar sobre las cabezas de todos aquellos
que pelean por lo mismo que tú.

Ahora sé que es posible construir un imperio
a partir de tres palabras,

que la aventura es emocionante, aunque peligrosa, pero que
nadie puede quitarte lo que eres, ni lo que quieres ser,
ni lo que estás dispuesto a hacer para conseguirlo,
ni todo lo que aportas y aportarás al mundo cada día.

Dicen que las flores más bellas son aquellas que,
aunque nadie esté mirando, se abren orgullosas
y bailan al compás de un "esta soy y aquí estoy yo".

Prometo
cuidar mucho
de este jardín.

#3

y si algún día las flores quieren marchitarse, las convertiré en pájaros para que puedan llegar más alto,

para que desplieguen sus propósitos como si fueran alas,

para que sea más difícil bajar la guardia que seguir el ritmo,

para que ya no tenga sentido volver atrás.

Siempre he tenido muy claro el "qué", acabo de aprender el "cómo" y, por fin, después de tanto tiempo, también he conocido al "quién".

Siempre cabe un pájaro más en el cielo;
uno más, pero no uno cualquiera.

Y, si algún día olvido quién soy, ahí estarán mis raíces para recordármelo.

Ahora sí,
bienvenidos.

CORAZÓN

punto y dormida, punto y despierta

Aparece mi deseo de ser actriz. Descubro la escritura y nacen mis primeros textos. Decido confiar en mis instintos y estudiar interpretación. Para una personalidad introvertida, no hay nada que requiera más coraje que exponerse. Confronto miedos, juicios, vergüenza y cambios. Lucho contra los escudos que yo misma me he puesto y que me separan de mis sueños. Me enfoco en hacer bien mi trabajo: conectarme con mis personajes y hacerme uno con ellos. Aprendo rápido y no dejo de avanzar. Superarse a uno mismo sienta bien. Me doy cuenta de que puedo cantar. Empiezo a tener mucho trabajo y aparecen nuevas personas a mi alrededor. Gracias a una de ellas puedo intuir por primera vez lo que es el amor —¿acaso hay alguien que lo sepa con certeza?— Ciego e inocente, es un amor de esos que te eligen, no que eliges, porque todavía no te crees con derecho a elegir. Me hacen daño. Me sustituyen. Aparecen las comparaciones. Nunca he sido tan independiente y nunca me he sentido tan sola. Mis personajes se convierten en mi altavoz: vuelco en ellos todos mi conflictos y los hago brillar. Sigo adelante. No sé si me mueve la rabia o la necesidad de avanzar, de reinventarme y de quererme más. Quizá ambas cosas. Decreto que mi mayor venganza será convertirme en la clase de persona a quienes aquellos que me han herido puedan envidiar. O peor, desear.

una vida juntos

La biblioteca del pueblo era nuestro lugar de encuentro. Cada viernes, con el corazón y el alma palpitando de deseo, aguardaba la hora de salir de clase. Entonces, impaciente, nada me impedía correr. Pensaba en acariciarte, abrazarte, olerte. Y corría más rápido. Por fin, con la respiración aún agitada, empujaba la puerta y entraba en la sala. Sonreía, porque allí estabas. Siempre estabas. Y recuerdo cómo no podía esperar a tenerte entre mis brazos.

Ahora, que sigues aquí conmigo, con tu cubierta antigua repleta de relieves entre los que se pierden mis dedos y tus páginas desgastadas por los años, me doy cuenta de que me cambiaste la vida. Fuiste aquella novela que me robó el corazón.

un balcón y un corazón

Estar de vuelta le hizo tener la sensación de que había pasado mucho tiempo desde que su arrebatada adolescencia llegó a su fin. De pie en un desolado balcón de piedra, volvió la mirada hacia su ahora oscuro dormitorio para comprobar, con una inmensa nostalgia, que no había cambiado nada. De súbito, los recuerdos se agolparon en su mente y los latidos del pasado inundaron todo su ser.

Por aquel entonces, no existía una dama más bella, más dulce y mejor atendida que ella. Su nodriza zumbaba a todas horas a su alrededor para que su apariencia se mantuviera perfecta, mientras sus padres, en cualquier otro aposento, discutían en un culto y fluido italiano sobre el futuro de la criatura. Los días eran monótonos y las horas pasaban muy lentas, en especial durante las gélidas noches, en las que la muchacha solo conseguía quedarse dormida cuando se concentraba en el olor a jazmín de las sábanas y en la extrema suavidad de su camisón de seda.

De vuelta en el presente, la escuálida figura posó una mano sobre la fría piedra del balcón y dejó que su mirada vagara una vez más por entre las nubes, tan mansas y puras como antaño, que parecían sonreírle como si se alegraran de volver a verla después de tanto tiempo. Sí, aquel balcón había sido testigo de sus deseos más profanos y de sus actos más rebeldes, pero también de sus momentos más felices. Recordó cómo ese sol hacía sus días un poco más alegres y cómo solía desear que los pájaros pudieran regalarle apenas un ápice de su libertad. Disfrutaba del exterior incluso cuando el cielo se tornaba gris, la lluvia la empapaba por completo y el estruendo de la tormenta invadía sus oídos. Ella misma acabó convertida en una tormenta.

Definitivamente, aquellos tiempos fueron difíciles. Estaba segura de que no había nada, excepto el eco de un leve remordimiento, que pudiera impedirle desafiar tan peligrosamente a su familia. Así, presa de una placentera angustia, los días se convirtieron en sus noches y las noches en sus días, porque Romeo las iluminaba con su presencia, sus doradas palabras y esas promesas infinitas que les auguraban un futuro de ensueño juntos.

Al alma errante le pareció por un momento que su corazón había empezado a latir de nuevo. Dejó escapar un suspiro inaudible, del mismo modo que la vida la había dejado escapar a ella cuando decidió volver el puñal contra sí misma. Sin embargo, jamás podría arrepentirse de su decisión: morir por amor seguía sin parecerle una locura.

tic tac

La nostalgia no puede evitar el cambio.
Influidos por todo, retenidos por nada.
A la vez tan largo y tan corto el paso de un año...
No puede eludirse esa llamada.

Cómo lo que era importante va perdiendo prioridad.

Presos de los segundos que nos arrastran.
Ahora ya no es ahora, sino antes.
El mañana llegará,
el después se acercará.

Los momentos cambian, suspiran, huyen.

Sólo la memoria conoce nuestro secreto,
y sólo el recuerdo nos ayuda a deducir
que no estuvimos muertos.

El pasado cambió, suspiró, huyó.

Nada es igual ahora,
todo es nuevo a cada instante.
No desees que nada llegue,
no desees que nada pase.

El futuro cambiará, suspirará y acabará huyendo también.
Pero no intentes buscar un porqué.

Porque mientras tanto,
mientras lees esto,

mientras yo lo escribo,
mientras existe el pensamiento,
los relojes avanzan y los segundos
sucumben a la furia del tiempo.

Tiempo.
Impasible, imparable, insaciable.
El tiempo y tú.
Tú contra el tiempo.

Y él siempre acaba ganando la batalla.

personas

Hablemos de personas.

Esas con las que un día, hace ya bastante tiempo, tuvimos la suerte de encontrarnos, de compartir experiencias.

Esas a las que creímos que volveríamos a ver; con las que prometimos reencontrarnos en un futuro, pero con quienes ya apenas mantenemos el contacto.

Esas que ahora están tan lejos de nosotros... o quizá no tan lejos.

¿Por qué?

Personas que fueron importantes para ti, pero de las cuales muchas veces ni siquiera guardas la dirección o el número de teléfono, y de quienes lo único que queda es el recuerdo.

Personas con las que te encantaría volver a hablar, a escribir otro capítulo de esa historia de la que ambos sois protagonistas o, simplemente, a compartir unos pocos minutos más de vuestras vidas. Recordando viejos tiempos, rememorando momentos e intercambiando impresiones sobre lo increíblemente rápido que pasa el tiempo.

No es agradable pensar que jamás volverás a ver a alguien, ni que lo único que os separa son los kilómetros. Tal vez incluso deberíamos evitar pensarlo.

No obstante, la vida da muchas vueltas, porque a ella poco le importan las personas. Y quién sabe si en su incesante juego de caminos algún día el nuestro volverá a cruzarse con el de todos aquellos que un buen día nos hicieron sonreír.

Puedes, pues, confiar en el destino.

La otra opción es salir en su búsqueda.

lágrimas

Una lágrima vale más que mil palabras.
Un suspiro es un sentimiento marchito.
Las palabras brotan sin intención alguna.
Los silencios esconden gritos desgarrados sin piedad.

Los sueños buscan abrirse camino entre el abismo de las dudas
y el confuso recuerdo de tus labios.

La esencia permanece en su lugar pese a los fallidos intentos de
alcanzar alternativas que quizá supongan un riesgo demasiado
alto.

Tal vez el precio a pagar resulte excesivo.

Nunca pensamos que el dolor pueda ser capaz de adueñarse de
todo, de cobrar vida para desterrar a tu alma.

Nunca decimos que la desesperanza es nuestro punto débil,
que necesitamos ayuda, que no siempre soledad y lucha son
una buena combinación.

Nunca lo decimos.
Pero una lágrima vale más que mil palabras.

Caminar nunca me había parecido interesante. Y mucho menos divertido. Siempre intentaba distraerme de otro modo, quizás la sociedad le había quitado a las pequeñas cosas, a los verdaderos placeres de la vida, una parte muy importante de su valor. Sin embargo, aquella vez todo era diferente. La anchura del sendero y la exótica pureza del entorno que contemplaba eran capaces de hacer sentir vivo a cualquiera. La paz y la calma podían respirarse, casi incluso palparse. Me pareció que había vivido muy pocos momentos tan felices. Miré al frente, y aquel atardecer me devolvió la esperanza. En todo. Entonces deseé haber descubierto antes semejante maravilla, así como el inmenso placer que me producía el simple hecho de poner un pie por delante del otro consecutiva y regularmente y marcar el ritmo de mis propios pasos, de mi propia vida. Vida. Ciertamente, me sentía a rebosar de vida. Daba la sensación de que cada poro de mi piel tenía la capacidad de absorber todas las cosas bonitas que encontraba a mi paso.

Un latido. Otro. Otro más.
Un paso. Otro. Otro más.
Pero siempre la misma sonrisa.

Creo que nunca me había importado tan poco el futuro, o el mero hecho de no haber prefijado un destino. Caminaba sin rumbo, pero no había tiempo para pensar en lo que ocurriría después. Sólo existía ese momento. Ahora.

Había un hombre a mi derecha. La fresca brisa le alborotaba el pelo al tiempo que daba un paso tras otro, cada cual más rápido, intentando no perder un segundo. Una niña caminaba a su otro lado, a la cual miraba de vez en cuando y apremiaba con tiernas palabras para evitar que aminorara el ritmo. Estaban cerca uno del otro, pero no se cogían de la mano, a pesar de que yo tenía la certeza de que la confianza entre ellos era la suficiente para hacerlo.

Las tres personas, que ocupábamos apenas una pequeña parte del sendero, teníamos diferentes maneras de verlo. Yo acababa de darme cuenta, después de tanto tiempo, de la belleza que albergaba, y no podía sino disfrutar de cada segundo que pasaba y de cada uno de los movimientos que mis músculos realizaban. Con aquel traje de chaqueta, el adulto de mi derecha parecía demasiado ocupado como para pararse a mirar lo que tenía alrededor. La niña, que hizo ademán de agacharse a arrancar una flor para olerla, se veía constantemente arrastrada por su padre, el cual, con su aparente prisa, no estaba dispuesto a perder el tiempo.

Todo transcurrió así hasta que, de improviso, se produjo un repentino cambio en el sendero. Empezaron a divisarse varias ramificaciones que se extendían hacia fuera del bellísimo y amplio camino inicial. Tanto a la izquierda como a la derecha, empezaron a surgir trechos de tierra mucho menos anchos. Volví la mirada hacia la pareja; no sabía qué iba a ser de ellos. La ahora intrincada forma del sendero obligó a ambos a girar a la derecha y a seguir un camino que, quién sabe, quizás algún día volviera a juntarse con el mío. A mí, por el contrario, no me quedó más remedio que continuar recto, aunque entonces tampoco supe a dónde me llevaría este nuevo tramo.

Y ahora estoy aquí. Si se están preguntando dónde, les diré que nunca paré de caminar desde aquel día. Sigo el ritmo de mis pasos, que, aunque algo más cansados por la larga senda recorrida durante todos estos años, siguen pisando firme como antaño, decididos y sin ganas de pararse todavía. El camino vuelve a ser ancho ahora, aunque no tanto como lo fue en su día; las ramificaciones y los caminos a elegir son cada vez menos. Mis posibilidades han ido reduciéndose conforme avanzaba.

Hay alguien a mi derecha. Es bastante joven y lleva un paso firme, enérgico y fuerte. Hay algo en ella que me recuerda a mí, algo que me hace pensar en cómo pasa el tiempo, en cómo cambian las cosas. Por un instante, la nostalgia se apodera de mi mente, aunque una parte de mí sigue pensando que el pasado y el futuro no importan tanto como creemos. Pero también me hace darme cuenta de hasta qué punto la forma de dar tus pasos puede llegar a definirte.

Sopla una ligera brisa juguetona que le alborota el pelo, y ahora la joven se detiene. Y yo con ella. Es entonces cuando puedo observar cómo, muy lentamente, se agacha y arranca con suavidad una rosa. Sin duda, la flor más bonita que he visto en todos estos años. La contempla con admiración y sonríe tras olerla. De repente, veo en ella a esa niña totalmente contraria a su padre, capaz de apreciar esas pequeñas maravillas que, aunque no nos demos cuenta, siempre están ahí. Nuestras miradas se cruzan. Y es entonces cuando me ofrece la flor. En ese momento, sé que ha conseguido recordar que ya nos habíamos encontrado antes.

Ahora soy yo el que tengo que cambiar mi rumbo. Son ya muchos años de travesía, pero que no me arrepiento de haber recorrido. Tal vez ella continúe todo recto, o tal vez quiera pararse un momento a descansar. Sea como sea, sabemos que por mucho tiempo que compartamos un camino con alguien, estamos destinados a que tarde o temprano nuestras direcciones se separen. A pesar de todo, le prometí a esa chica que, si al final del camino lograba reencontrarme con su padre, cuidaría de él como una vez él cuidó de aquella niña. Además de eso, le diría que su hija me enseñó una lección, y es que quizás no todo está en andar, sino en pararse un momento y ser conscientes de los pequeños e infinitos detalles que el camino de nuestra vida siempre nos ofrece.

problemas

Siempre habrá algo de lo que preocuparse.

Siempre,
y cuando se vaya un problema
siempre
vendrá otro.

Aunque antes fuera más pequeño,
crecerá,
no dejándonos dormir;
crecerá
no dejándonos disfrutar
ni ser plenamente conscientes de lo bonito que,
a pesar de todo,
es vivir.

Siempre habrá algo que nos oprima el pecho.

Siempre,
que no nos deje respirar;
y nunca,
nunca estaremos saciados,
nunca satisfechos.

Siempre habrá en nuestra mente
algún pensamiento
que enturbie nuestro corazón.

Siempre,
que haga a nuestra sonrisa

detenerse en seco,
retroceder.

La resolución de un problema no siempre nos aporta la felicidad que esperamos obtener. La perfección no siempre viene después de que algo malo pase. El futuro no siempre será mejor. Lo que ha quedado en el pasado, tampoco.

No debemos caer en esa trampa.

Tal vez *ahora* sea el momento más feliz de tu vida, y tal vez también de la mía. Tal vez. Y puede que ese empeño en que lo bueno ya pasó te impida aprovecharlo de verdad. O ese empeño en que lo mejor está por venir. De hecho, cuando llegamos a ese futuro, no todo sale tan bien como pensábamos, o incluso sale tan bien que tendemos a restarle importancia a ese logro.

No siempre es bueno buscar consuelo en el pasado, en el futuro, o ponernos excusas para no sonreír.

Sé feliz ahora, pero asegúrate de tener la garantía de no poder sentir envidia en un futuro, sabiendo que intentarás que esa sonrisa sea exactamente la misma para entonces.

Quién sabe, quizás incluso en ese momento hayas conseguido que se haya hecho aún más grande.

preguntas invisibles

Hay muchas cosas que no entiendo.

Si soñar es gratis y, además, tan bonito...

¿Por qué siempre hay que ser realista? El mundo real, el suelo que pisamos es para los que se conforman.

¿Por qué constantemente intentan que lo seamos? Si realmente nos quieren, deberían dejarnos luchar.

¿Acaso una persona no puede apuntar alto, marcarse objetivos y dejarse la piel para cumplirlos?

¿Por qué hay que limitarse a ser como el resto, a pensar como los demás y a actuar como todo el mundo?

¿Por qué nos resulta tan difícil tomarnos en serio algo original, algo diferente?

¿Por qué se rechaza cualquier idea que se aleje un poco de lo preestablecido?

¿Por qué la realidad no puede ser fantástica o increíble?

¿Por qué nos quitan la ilusión?

Tal vez piensan que vamos a estrellarnos contra un muro.

Sin embargo, puede que se sorprendan cuando, en lugar de eso, despleguemos las alas que a base de sueños hemos ido construyendo y sobrevolemos no solo ese muro, sino las cabezas de todos aquellos que prefirieron ser realistas; todos aquellos que intentaron retenernos en el mundo real, en lo "normal", lo sensato y lo que está de moda. Pasando por encima de todos aquellos que nunca creyeron en ti.

Cuando nadie puede detenernos comenzamos un viaje que nos llevará a alcanzar nuestro más bello final, nuestra más anhelada satisfacción y nuestra más deseada felicidad.

Tu momento ha llegado.

Vuela.

elecciones

Sin duda, esto es algo que va más allá de todo. Es querer que seas feliz aunque yo no lo sea, querer que sonrías aunque yo no lo esté haciendo; y todo porque veo en ti cosas que no veo en nadie más. Profundidad. Humildad. Corazón. Veo a una persona. Una persona igual que las demás, con sus defectos y sus virtudes, excepto en el pequeño gran detalle de que tienes algo especial. O al menos para mí lo es.

Con tus actos y tus palabras y sin tú quererlo ni saberlo, has activado una especie de mecanismo en mi interior. Algo se ha encendido ahí dentro, y eres especial precisamente porque nunca nadie había sido capaz de provocar lo mismo antes. No sé si es un sentimiento, una esperanza o simplemente una ilusión, pero ese "algo" ha ido haciéndose más y más intenso con el paso de los años.

A veces me pregunto hasta qué punto yo he elegido esto.

No elegí encontrarte, pero sí saber de ti.
No elegí admirarte ni dejarme impresionar,
pero tampoco elegí olvidarte y seguir mi camino.
Elegí elegirte aunque tú no me hayas elegido
y aunque nunca en tu vida lo hagas.
Elegí seguir buscándote
a pesar de que tú no elegiste dejarte encontrar.
Tampoco elegiste ser especial para mí, ni yo que lo fueras.
Simplemente pasó.
Yo te seguí la pista y tú hiciste el resto.
Tú solo fuiste tú.
Todo se resume en tú. En ti.

Tú. Sí, tú.

Y acabo de decidir que estoy dispuesta a elegirte siempre.

estoy aquí

escucha y entenderás
por qué no proclamo el mal
por qué es importante amar
y la huella que dejarás

Escucha, pon atención,
que el mundo no es solo tuyo
ni vale más el orgullo
que el abrir tu corazón

Escúchame, para, mira
que es un grito que se siente
y en esta calma aparente
has de luchar por mi vida

Escúchame y ten paciencia,
oye como mis hermanos,
tristes, pero esperanzados,
están pidiendo clemencia.

Atte.: un árbol del camino.

Kate

Sydney Chesterton fue testigo de lo difícil que es intimidar a Kate Beadnell. Ella no le apartó la mirada, porque estaba convencida de que el hecho de pertenecer a clases distintas no era algo que pudiera hacerles diferentes. Lo malo de los desafíos, por muy divertidos que parezcan, es que, si ninguno de los combatientes se rinde, ambos pueden salir perdiendo.

Cómo explicar que la nostalgia también se encuentra en los momentos no vividos, que también puede echarse de menos algo que nunca se ha tenido.

una más

A veces pienso que,
cuando estábamos juntos
y lloraba,
era porque
sentía
que lo tenía
todo
y a la vez
no tenía
nada

Mi única condición fue:
si dejas de sentir,
dímelo.

amor y odio

Como cuando entran a robar y no se llevan nada.
Lo que se termina antes de empezar.
El caos en vano.

Del odio al amor hay un paso.
Del amor al odio solo medio.

pájaro azul

El viento no espera
ni desespera.

El viento no encierra
ni se encierra.

El viento no demuestra,
solo se muestra.

El viento no juzga
ni a él ni a otros,
solo lleva
y se deja llevar.

A veces se arrebata
y empuja,
pero siempre
vuelve a la calma.

Otras hace como que no está
y nadie lo echa en falta,
pero siempre
vuelve a dejarse ver.

Y aun así,
el viento no es consciente
de que tiene tanto poder.

El viento es compañero de las nubes
y también de la tierra,

de las hojas
y también del polvo.

Compañero de los pájaros azules
a los que nunca dejará que vuelvan a encerrar.
Que recuperarán el tiempo perdido.
Que volverán a ver amanecer.
A los que ahora nadie podrá detener.

Que dejarán de volar para huir
y empezarán a volar para vivir.

Que vuelen los pájaros azules.
Que vuelen tranquilos.

Que el viento es
el enemigo
de las jaulas.

escenarios

¿Por qué, para qué hacemos lo que hacemos? ¿Es nuestro ego o nuestro corazón el que lo desea?

Yo solo quiero verdad, quiero hacer que todo sea real aunque pueda parecer una mentira. Aunque lo único real sean mi entrega y mi deseo de comprender, mi obsesión por llegar más y más dentro. Aunque lo único real sea el amor que siento.

Para mí es importante, profundo, sagrado. No hay aplausos que se reciban con más placer que los que suenan después de haberte entregado tú.

Quiero ver con sus ojos y escuchar sus sentimientos. Prestarles mi cuerpo, mi voz, mis manos. Esconderme, perderme en ellos, dejar de importar para que ellos sean y dejar ser para que ocupen por un rato todo mi lugar.

Quiero hacerme transparente. Levantar mi corazón para levantar los suyos. Creer que hay un cambio posible y unirme cada día a los que luchan jugando.

Quiero vivir conectada con "eso", con "algo", con "alguien", sintiéndome parte de una historia y dando voz a un relato que, aunque no es el mío, se queda para siempre conmigo.

Margot

Si pudieras oírme, te daría las gracias. Por tu paciencia, por tu bondad, por tu lucha interior. Por contribuir a que no cundiera el pánico, a no hacer las cosas más difíciles. Por ponerte en el lugar de todos y no juzgar a ninguno. Por querer saber más cada día. Por cuidar a tu familia y hacerles sentir orgullosos. Por aguantar hasta que fue imposible, por ser fuerte por ti y por todos. Por ser un ejemplo. Por ser humana.

Si pudieras oírme, te diría que estoy convencida de que habrías llegado a ser cualquier cosa que te hubieras propuesto ser.

Si pudieras oírme, te diría: tranquila, ahora estás conmigo y vas a vivir de nuevo. Mi voz será la tuya, y le enseñaremos al mundo que hay cosas que no deberían repetirse jamás, y que a veces la vida es injusta, pero que el amor nunca muere, y que el amor puede hacer que todo merezca la pena.

CABEZA

punto y seguido, siempre seguir

Hay demasiadas preguntas sin respuesta. Unas veces me pregunto por qué me he abierto tanto y, otras veces, por qué no me he abierto lo suficiente. No quiero volver a cometer los mismos errores –¿acaso he cometido algún error?– Mando callar a mi corazón. Aprendo a no hacer ruido por si se me escucha demasiado. Me hago experta en mantener silencios. Pienso, pienso de nuevo y vuelvo a pensar. Todo el mundo confía más en mí que yo misma. Me obsesiono con alcanzar la perfección. Nadie rechaza lo que es perfecto, ¿no? Analizo, analizo y me paralizo. Nos confinan. Echo de menos los escenarios. La muerte visita a mi familia. El mundo se para y yo llego a la conclusión de que no quiero esperar esperando, sino esperar haciendo. Escribo, reflexiono, exploto mi creatividad y comparto mi arte. Me vuelvo adicta a la organización, a la productividad, a mis lecturas. Entro en contacto con nuevos hábitos y me preparo para tomar las riendas de mi vida. Aparecen nuevos amores, esta vez ambiciosos y más o menos profundos, pero fríos y sin ningún futuro. Sólo quiero sentir que me necesitan. Curar heridas ajenas se convierte en mi hobbie favorito. En vano, intento sostener lo insostenible y entender lo inentendible. Un gran viaje a otro continente contribuye a mi cambio de mentalidad. La naturaleza me enseña lo que es la verdadera libertad y empiezo a creer que otra vida es posible... hasta que me doy cuenta de que soy yo quien la tiene que crear.

libertad vs miedo

Aquella tarde de julio, todo parecía posible, desde las cosas más bonitas hasta las cosas más terribles. Paseamos en bicicleta por los prados más verdes, pero también nos topamos de bruces con un campo de concentración.

Así es el ser humano: pura belleza en su mejor versión y, en otras ocasiones, odioso, insolente y empeñado en creer que sólo puede ser dominador o dominado y que, de entre esas dos cosas, tiene que elegir la que imagine que le hará menos daño.

Y, entonces, nos destruimos entre nosotros mismos y destruimos nuestra casa en el intento.

Yo siempre he pensado que la madre naturaleza tiene sus ciclos, sus equilibrios, su propia manera de regularse. Que, si fuimos creados por ella, ella no fue tan inconsciente como para darnos el poder de destruirla. Y nunca nos dejará hacerlo.

No sé si cambiaremos después de todo esto. Eso sólo lo decide cada uno.

recuerdos de pandemia

Estaba empezando a masticar un trozo de patata de mi cena cuando escuché los aplausos por primera vez. "Ya serán las diez", pensé, y seguí a mi madre hasta arriba, hasta nuestra terraza. Wow. Aquella ola de vítores y aplausos que se extendía por cada poro del territorio nacional hizo que mi corazón diera un vuelco y que mi cuerpo se estremeciera de la emoción. No estamos solos y vamos todos a una. Somos seres agradecidos y vamos todos a una. Esto que está pasando es increíblemente inusual, pero vamos todos a una. No aplaudí mucho realmente, sino que me limité a escuchar y a dejarme impactar por la situación. Eché un vistazo hacia la inmensidad del cielo. No éramos más que miles de pequeños seres egoístas asomando nuestras cabecitas por las ventanas, haciendo acto de presencia y queriendo ser escuchados. Escuchados y entendidos. Entonces pensé que quizá en ese momento había alguien más grande o más poderoso que nosotros que, quizá desde más arriba o desde más lejos, no importa, no dejaba de reírse de nosotros.

Cuando volví a bajar al salón, lo primero que se me ocurrió decir fue: "Creo que necesito salir a la calle". No sabía si era ese el verdadero motivo por el que estaba tan rara, pero, de todas maneras, mi padre decidió que, esa noche, era yo la elegida para sacar la basura.

Sin embargo, ¡dios!, no creía que la sensación de estar pisando la calle de nuevo después de semanas fuera a ser tan desconcertante. No me crucé con absolutamente nadie en mi camino hasta el contenedor, aunque cuando llegué hasta allí, se acercaba también un chico que sacaba a pasear a su perro, a su mascarilla, a su basura para tirarla y, para qué mentir, a él mismo. Se respiraba desolación. De repente, los edificios me parecían monstruosos sobre mi cabeza, mucho más inclinados y sin duda demasiado altos, o quizá era yo la que me sentía mucho más pequeña, como si todo el mundo me estuviera mirando desde sus balcones, juzgándome por atreverme a salir a la calle, o incluso como si alguien me estuviera grabando para una película de terror y catástrofe, o peor, como si alguien estuviera jugando a la cámara oculta para después emitir mis reacciones en un programa del día de los inocentes.

Abrí la tapa del contenedor para tirar la bolsa y, mientras volvía, se me escapó un "mierda". Había tocado el asa de la tapa del basurero y, en cuanto regresara a casa, tendría que lavarme con especial cuidado la mano izquierda. En ese momento, extrañada a más no poder, casi echo a correr hasta casa. En realidad no, no me apetecía una mierda estar en la calle.

Tirada en la cama, cierro mis ojos y los vuelvo a abrir. El silencio por las noches está tan presente que casi molesta. Ni voces, ni coches, ni nada. Casi asusta. Es como si la ciudad estuviera muerta, como si solo el miedo, tan sutil como poderoso, pudiera permitirse el lujo de salir a las calles y dar un paseo. Siento que no soy la única que se da cuenta, que hay más gente despierta en algún otro lugar de la ciudad o del país tumbada boca arriba en sus camas, con los ojos como platos y pensando exactamente lo mismo que yo.

de piedra

Después de aprender a no necesitar tienes que luchar para no volverte de piedra. Pero, después de haber sido tan buena, tengo curiosidad por saber qué es lo peor que podría pasar.

la búsqueda

Si te dijeran que eres inmune al fuego, ¿seguirías huyendo de
él o te arriesgarías a que no fuera cierto? Si te dijeran que la
perfección existe, ¿lo ignorarías o te lanzarías a buscarla?

Querida mía, qué bien te has escondido.

arte

Para hacer arte, no puedes querer hacer arte.
El presente no se puede enjaular.

reto, reto, reto

Aprender a valorar las dudas por encima de las certezas. Disfrutar de la incertidumbre. Amar el reto y acabar convirtiéndose en uno.

Encontrar ese perfecto y emocionante equilibrio entre habilidad y reto, entre aburrimiento y frustración, entre fácil y difícil, entre sí pero no y no pero sí.

Los que rápido aprendemos sabemos que lo que nos falta lo tendremos. Cuando el alumno está listo, aparecen los maestros.

(im)perfección

Sólo la realidad es imperfecta.

El arte siempre puede ser perfecto:
una perfecta representación de lo imperfecto

exitus letalis

Cuando te vi por última vez sentí que sería la última vez.

No me preguntes por qué, pero en ese momento sentí que mi intuición se afinaba, y percibí ese hálito blanquecino que te rodeaba, ese último soplo de energía que anunciaba tu extinción... Y fui testigo de el grito de auxilio que, débiles, exhalaban esos, tus últimos latidos.

En ese momento pensé que todo era inevitable, que no podía hacer nada para rescatarte, que ya era demasiado tarde.

Intenté pensar en mirarte diferente, como si realmente fuera la "última vez", en intentar captar algo de tu esencia, pero la verdad es que simplemente me rendí a la idea de que ahora es ahora y al segundo siguiente es otro "ahora" diferente; entendí que, aunque lo intentes, es imposible alargar un momento, es imposible capturar un instante.

Miré hacia atrás y, antes de salir por la puerta, supe que te quedaba menos tiempo del que el resto de personas presentes en esa sala podía imaginar. Mi cabeza lo proclamaba un imposible, pero, de alguna manera, mi corazón sabía que aquella última mirada, a ti que ni siquiera te giraste a sonreírme, se convirtió en mi más sincera e inconsciente despedida.

Lo siento.

abre tus alas

¿Pueden las mariposas verse las alas? ¿Son apenas conscientes de su belleza? ¿Comprenden siquiera que son poseedoras del don de alzar el vuelo, y que volar es algo que millones de seres en la tierra querrían también hacer si pudieran?

¿No ocurre un poco como con nosotros, en ocasiones ciegos ante nuestras propias virtudes, ante nuestro infinito potencial, ante nuestro innegable valor?

Déjame ser tu consciencia, mariposa. Déjame ser quien te observe, espléndida, salvaje, suficiente; porque cómo no va a ser suficiente algo tan único, tan puro, tan sabio, tan bueno, tan delicado y a la vez tan fuerte.

Déjame ser testigo de tu vuelo, porque ojalá te vieras como yo te veo.

Y si alguna vez, mariposa, olvidas lo poderosas que son tus alas, permíteme recordarte todo lo bonito que hay en ellas: cada forma, cada color, cada destreza y cada virtud, las que nacieron contigo y las que con tanto amor has cultivado, aunque tú no las puedas ver.

Y, una vez abiertas tus alas, el vuelo será pan comido.

venganza

Puedo darte lo que quieres y conseguir que me reces; tengo armas para entrar en tu interior.

Pero, cuidado… Cuidado. Amor no es igual a capricho, ni empatía es lo mismo que amor.

Mi venganza será convertirme en eso que deseas pero ya no puedes tener.

reencuentro

Y al mirarte a los ojos después de tanto tiempo, sonreí,
no porque no te eche de menos,
sino porque justo en ese instante
me di cuenta de que estoy mejor sin ti.

También porque, a pesar del tiempo y la distancia,
aún queda algo de huella de nosotros en cada uno,
porque no podemos no dejarla,
porque no es tan fácil ni olvidar ni ser olvidado,
y porque ningún adiós es para siempre
mientras sigamos compartiendo planeta.

Sonreí porque me hicimos daño,
pero llevaba tanto tiempo sin escribir como sin verte y, ¿ves?

Nadie me arranca la poesía como tú.

tu público

Yo no tenía ni quince años. Era el día de la muestra de teatro de fin de curso y me moría de la ilusión por enseñarle a toda mi gente lo mucho que disfrutaba de la que ya se había convertido en mi gran pasión.

Esperaba que estuvieran entre el público unas personas muy especiales para mí, pero no vinieron. Terminó la función, bajé corriendo a saludar, busqué y busqué y no estaban. Todo había salido genial y, sin embargo, yo no podía parar de llorar.

Hasta que una compañera me abrazó muy muy fuerte y me dijo: "el mayor error que podemos cometer es esperar que otros actúen como nosotros lo haríamos".

Entonces comprendí que, como artistas y como personas, necesitamos saber hasta dónde podemos (y queremos) dar(nos) a los demás.

No podemos ofrecerle nuestra mejor interpretación a alguien que no entra al teatro a verla. Al final del día, solo podemos estar en el escenario para quienes antes decidan estar sentados en el patio de butacas.

"con todo"

No eran ni las nueve de la mañana y estaba completamente sola en una playa enorme, salvaje y preciosa. Fui a meter los pies y pensé "vale, no me voy a mojar el pelo". A los dos minutos, una ola me llenó las piernas de arena. Me agaché un poco para quitármela y, en ese momento, llegó otra ola más grande que me mojó la cabeza entera.

¿Nunca has sentido que la naturaleza te habla? Aquella ola —el mar entero— estaba ahí para decirme "Vive, no pienses tanto y vive. Vive, vive del todo y desmelénate.

No estás aquí para meterte a medias.

Deja de pensar en el antes o en las consecuencias del después. Mójate los pies, mójate entera y empápate de todo lo que eres y tienes ahora. Vive y deja que el ahora y solo el ahora te muestre el camino que tu corazón quiere seguir".

Y así fue. Estuve más de media hora en el agua y comprendí que daban igual los "es que me lavé el pelo ayer". Que todo lo demás daba igual. Comprendí que toda mi vida es este momento, que la vida es aquí y es ahora y está ocurriendo ante mí para mí, para que no me la pierda, para que la vea, la respire, la presencie, la disfrute... Y desde ese momento ya no me la quiero perder.

receta contra el miedo al rechazo

1. Coraje y vulnerabilidad. Exponerse al rechazo de manera continuada para volverse inmune a él.

2. Aceptación y amor profundo. Nadie va a venir a salvarte. Solo puedes salvarte tú. Yo me he salvado infinitas veces, pero no puedo salvar a nadie más.

3. Confianza y determinación. Todo vuelve aunque se haya ido, porque el mundo es redondo y, si en la segunda vuelta te encuentra mejor preparada, tal vez ese rechazo se transforme en otra cosa.

epifanía de atardecer

Necesitaba esto y no lo sabía (o quizá sí). Que la naturaleza me mostrara su mejor y más bella cara, que se desplegara ante mí con todo su esplendor y reclamara absolutamente toda mi atención —la de mis ojos, mi cabeza y mi corazón— para sacarme de los discursos de mi propia cabeza y justo entonces gritarme "¡eh!, mírame atenta, que estoy aquí, grandiosa, ante ti; mírame, que toda tu vida es este momento, que la vida es aquí y es ahora, y está ocurriendo ante ti para que la veas, la respires, la presencies, la disfrutes... no te la pierdas, que no se va a volver a repetir".

Necesitaba esto. Que la luna me arrastrara una y otra vez hasta el mar como lo hace con las mareas. Necesitaba comprometerme de nuevo conmigo, preguntarme "pero, ¿qué (no) estoy haciendo?", y perdonarme y respirar y espabilar y seguir avanzando, y limpiarme las lágrimas de la emoción y darme cuenta, una vez más, de que todo depende de mí y de nadie más que de mí.

ACCIÓN

punto y aparte, punto y amarme

Cuando nos liberan, vuelve a empezar la fiesta. Esta vez voy muy en serio. La instalación de mis nuevos hábitos da como resultado un fuerte cambio en mi identidad y una mejora de mis resultados. Continúo formándome para convertirme en una mejor artista y en una mejor persona. Regreso a los escenarios y aparecen otras inquietudes profesionales. Hacer contactos me abre puertas en Madrid. La capital me recibe con los brazos abiertos y allí comienzo una nueva vida. Avanzo sin desviarme del plan. Paso a paso, pero sin detenerme. La constancia es mi arma más poderosa. Aprendo a descansar y a disfrutar del camino. Sigo sumando viajes, aventuras y amores, esta vez distantes, pero más intensos y poderosos. Vuelvo a dejarme llevar y a dejar cosas y a personas de lado. Vuelvo a tropezar. Me hacen dudar hasta de mis mayores certezas. Caigo hasta el fondo. No plantarme a tiempo me sale caro. Por lo menos, pienso, me atreví a intentarlo. Comprendo que son los límites los que salvan nuestra autoestima y rompo con todas las ataduras. Me enfoco en todas esas metas que ahora sé que sí merezco. Emprendo y construyo mi propia formación. Encuentro la perfección en el progreso y la felicidad en transmitir mis aprendizajes a quienes quieran nutrirse de ellos. Cada día me siento más cerca de mi mejor versión. Nunca me he querido tanto. Por fin, soy yo y sólo yo quien decide cuándo, cómo y por lo que luchar. Y no me puede sentar mejor esta libertad.

la santísima trinidad

Mirar al pasado con la tranquilidad de que ya hay mucho camino andado, modo "¿por qué siempre queremos más y nunca nos fijamos en todo lo que ya hemos conseguido?"

Mirar al presente como si te lo fueras a comer, modo "que descansen otros, que yo ya no quiero dejar de crear".

Mirar al futuro de frente y así, con cara tierna, como si no diera miedo, modo "ojo, que vienen curvas y baches, pero aquí estamos para resistir y persistir".

Seducir al pasado y flotar en el presente para que el futuro te encuentre.

Soltar como quien sopla una vela y pide un deseo,
caminar como si, a lo lejos, ya se viera tu destino
y disfrutarlo como si ya hubieras llegado.

valiente

Han pasado muchas cosas estos últimos años, y, aún así, siempre vuelvo a lo mismo: no importa lo que pasa, sino al lado de quién te pasa. Son las personas con las que he compartido esos momentos las que los han hecho tan especiales.

En ocasiones, todo parece ir muy lento. Cada día es solo un paso más, pero elijo asegurarme de que sea un paso firme, seguro, fuerte y feliz. Y, cuando miro atrás y siento la transformación, comprendo que no he perdido el tiempo.

Qué bello es ser valiente aunque tengas que tropezar, qué bello cuando sabes exactamente por qué y para qué haces lo que haces. Qué bello cuando te rindes a lo que tenga que ser, pero en el fondo de tu ser sabes que sí, que este, y no otro, es el camino que tienes que seguir.

Tenía miedo a ser vulnerable y ahora sé que es justo ahí donde reside mi poder.

jirafas y ballenas

Así como las jirafas no saben que existen las ballenas (ojo con la tontería), hay muchas cosas de los demás que no sabemos que existen, porque no todo lo que vemos es todo lo que hay.

Vamos a comprender que el interior de cada cual es un universo igual de infinito que el nuestro, que no podemos suponer, juzgar ni predecir sus causas, sus efectos, sus luchas ni sus motivaciones, y que solo podemos escuchar, tratar de entender, acompañar mientras sujetamos su mano muy fuerte y dejamos que nos pasee por sus galaxias.

Vamos a disfrutar del viaje. Vamos a regalarnos eso. Cuando nos veamos, vamos a vernos de verdad, sin máscaras, sin trucos, sin prejuicios, sin barreras, sin corazas, sin orgullos. Nadie nos enseña a confiar, pero tenemos que hacerlo. Yo no quiero abrazar cuerpos vacíos, quiero abrazar corazones y almas.

Vamos a dejar de mirarnos los escaparates y a atrevernos a entrar a la puta tienda, que seguro que es mucho mejor por dentro.

¿Vamos?

calcetines y pájaros

Así como a veces da más rabia perder un calcetín que perder los dos (ojo con la tontería), hay quien prefiere arriesgar y caer a no arriesgar y que el golpe duela menos, o pegársela fuerte a pegársela flojo, o hacerlo con miedo a no llegar a intentarlo jamás.

Mira a los pájaros. Nunca piensan que se van a caer y ahí están, porque confían en que sus alas les salvarán aunque se rompa la rama que los sostiene.

A mí cada día me sigue pareciendo una oportunidad, cada día veo la montaña menos alta y cada paso es más firme que el anterior. Y cuanto más me asusta, más quiero hacerlo, y cuanto más me arriesgo, más aprendo, y cuanto más aprendo, más cerca estoy de volar.

Total, del suelo no se puede bajar y el cielo siempre estará ahí para ti.

Mira a los pájaros. Y no les envidies. Únete a ellos.

azul

Azul como la calma que me guía y la certeza que me inunda.

Azul como ese cielo que aún contemplo desde el suelo.

Azul como la llama de este sueño que ni en sueños se deja apagar.

Azul como las aguas de un océano que me abraza y que, despacio pero con firmeza, me arrastra hacia lo inevitable.

perfecta

Brillante como la luna.
Presente aunque no la sientas.
La única de su cuna.
Constante, amable, perfecta

en todas sus formas.

rooms

I'm fighting with myself in the mirror.
And my fears are not real but old-fashioned.
What will I remember?
And your adventures are my adventures and vice versa.
And I wanna share them.

No matter what, I can always choose love.
"I love you, I can love you here and now", I wrote.

Whatever you decide,
whatever your choice is,
I'm gonna be right here
to cuddle you and your dreams.

Wherever you want to go,
whatever you want to explore,
I'm gonna be your partner in crime.
We're writing the best series in the world.

Décimo piso, segunda puerta.
Labios de menta,
amor de colores
y flores.

"Nos amamos tanto que nos dejaríamos marchar", pensé.
Qué fácil parecía dejarse marchar.

Mi única condición fue:
jamás me hagas elegir
entre tú y mi profesión.

"love"

There's nothing here to correct,
don't you see?
And if you really want me to change
maybe you don't love me as you say,
Or maybe, baby, what happened
is that my power
got you scared.

la razón

No es cuestión
de tener razón
o no tenerla,

es cuestión de elegir
entre el resentimiento

y la gratitud.

flores

No lo sé, corazón.
Prefiero no entregar mis pétalos
por miedo a que me los quiten
uno a uno
y todo vuelva a depender
del más cruel de los azares.

No lo sé, corazón.
Prefiero no perder mi esencia.
Prefiero robarte los minutos
uno a uno,
que me mires y no encuentres
ni una razón para hacerme daño.

Solo sé, corazón,
que desde hace algún tiempo
prefiero que me odies
a que me arranques.

Me gustan las flores porque parece que no se conforman con cualquier cosa. Porque no son perfectas, ni lo pretenden, pero da la impresión que lo intentan con todas sus fuerzas.

El tiempo me cura y me eleva, y mi paciencia es infinita porque solo espero cosas de mí.

Y, si puedo elegir, créeme, lo haré.

renacida

Cada vez que aparece, sorprendo al "¿por qué?" con una respuesta más profunda y verdadera.

Cada vez que se quiere apoderar de mí, sorprendo a la incertidumbre con un nuevo paso hacia delante.

Cada vez que nada tiene sentido, abrazo todas esas preguntas y me deslizo por sus infinitos.

Me observo y, vea lo que vea, acepto y sigo y me digo bien fuerte "no, no quiero regalos, no quiero suerte".

Dígan adiós
a esta versión de mí,
porque mañana renazco.

Como cada día.

invencible

Me volví más fuerte, más valiente, mejor. Estudié para no volver a cometerte, error. Me convertí en lo que siempre quise ser y rellené este libro del más puro amor.

Intenté no dejar ni una sola palabra en el tintero, que a partir de ese momento no quedara nada por decir.

Hoy me siento verdaderamente invencible: si alguna vez vuelvo a caer, sabré qué páginas volver a consultar para reconstruirme.

sueños

Es posible que ahora, por fin, sienta que tengo el pleno derecho de elegir lo que quiero, cómo lo quiero y a quién quiero en mi vida.

Porque poder elegir es un privilegio, pero ser consciente de que puedes elegir es un regalo.

Porque en la medida en la que deseas algo, así tienes que lucharlo, y es que a los sueños les vale todo, todo menos las medias tintas.

darte

No es lo que recibes,
es lo que haces
con lo que tienes.

Es lo que quieres,
no lo que crees
que quieres.

No hay nada que conseguir,
sólo cosas que dar
y que dar t e.

tú

Jugando a ser tú
no te puedes equivocar,
así que, lo que pase
pasa porque tiene que pasar.

Eres todo lo bueno que los demás ven en ti

y mucho más.

años

Cuando tus ojos lloran más por las buenas que por las malas,
sabes que tienes que estar agradecido.

Cuando con cada paso descubres
que han crecido aún más tus alas,
sabes que el mundo está vibrando contigo.

del revés

Lo veo todo del revés,

pero ahora lo veo mucho mejor:

soy más grande que el lugar

donde siempre he

soñado estar.

No quepo,

me voy,

vuelo.

Ya.

EPÍLOGO

punto y final
(abierto)

#1

Empatía también es saber que aquel que escucha, que pregunta, que indaga, es el que tiene el poder de la conversación.

Empatía también es ser consciente de que cada minuto de más que pasas hablando de ti es una oportunidad que pierdes de aprender algo del otro.

Ojalá el mundo creyera en la empatía tanto como yo lo hago. Porque no todos somos actores, pero todos, en todo momento, podemos elegir ponernos en el lugar del otro.

#2

Inteligencia también es evaluar las consecuencias de tus actos y ser capaz de actuar de manera diferente para que pasen cosas distintas.

Inteligencia también es explotar la curiosidad y la creatividad para encontrar mejores soluciones a tus problemas y a los del mundo y, sobre todo, inteligencia es saber amar y hacer el bien no solo a los que te apoyan y te impulsan, sino también a los que te rechazan, te desaprueban y te subestiman.

Porque inteligencia también es mantener la calma, comprometerse, trabajar duro y prepararse en la sombra mientras va llegando el momento adecuado.

#3

Determinación también es saber que hoy estás aquí, pero confiar en que mañana estarás un escalón más arriba.

Determinación también es ser consciente de que hay muchas cosas que pueden no pasar, y aún así trabajar cada día para que tu felicidad y tu éxito sean inevitables.

La determinación lo es todo, porque con determinación puedes serlo todo.

La determinación nos hace invencibles, y lo que es invencible acaba siendo eterno.

Puedes sentir, pensar y luego hacer.
O puedes lanzarte a mover ficha,
probar lo que se siente y, ya después,
reflexionar sobre cómo ha sido.

Entonces comprendí que la perfección no existe,
pero no porque sea imposible de alcanzar,
sino porque nunca hay un límite;
porque siempre, siempre hay
un grado más de mejora
al que llegar.